Impressum
Verlag: BABADADA GmbH, Nedderfeld 112 , 22529 Hamburg
Geschäftsführer / Verlagsleitung: Harald Hof
Druck: Books on Demand GmbH, In de Tarpen 42, 22848 Norderstedt

Imprint
Publisher: BABADADA GmbH, Nedderfeld 112 , 22529 Hamburg, Germany
Managing Director / Publishing direction: Harald Hof
Print: Books on Demand GmbH, In de Tarpen 42, 22848 Norderstedt

school

die Schule

classroom
das Klassenzimmer

divide
dividieren

186/2

board
die Tafel

school yard
der Schulhof

teacher
der Lehrer

paper
das Papier

write
schreiben

pen
der Stift

desk
der Schreibtisch

ruler
das Lineal

book
das Buch

pupil
die Schüler

satchel

der Ranzen

pencil case

die Federmappe

pencil

der Bleistift

pencil sharpener

der Bleistiftanspitzer

rubber

das Radiergummi

drawing pad

der Zeichenblock

drawing

die Zeichnung

paintbrush

der Pinsel

paint box

der Malkasten

scissors

die Schere

glue

der Klebstoff

exercise book

das Übungsheft

homework

die Hausaufgabe

number

die Zahl

add

addieren

subtract

subtrahieren

multiply

multiplizieren

calculate

rechnen

letter

der Buchstabe

alphabet

das Alphabet

word

das Wort

text
....
der Text

read
....
lesen

chalk
....
die Kreide

lesson
....
die Stunde

register
....
das Klassenbuch

examination
....
die Prüfung

certificate
....
das Zeugnis

school uniform
....
die Schuluniform

education
....
die Ausbildung

encyclopedia
....
das Lexikon

university
....
die Universität

microscope
....
das Mikroskop

map
....
die Karte

waste-paper basket
....
der Papierkorb

hotel
das Hotel

hostel
die Herberge

currency exchange office
die Wechselstube

car
das Auto

language
die Sprache

yes / no
ja / nein

Okay
Okay

hello
Hallo

translator
der Übersetzer

Thank you
Danke

how much is...?

Was kostet...?

I don´t get it

Ich verstehe nicht

problem

das Problem

Good evening!

Guten Abend!

Good morning!

Guten Morgen!

Good night!

Gute Nacht!

goodbye

Auf Wiedersehen

direction

die Richtung

luggage

das Gepäck

bag

die Tasche

backpack

der Rucksack

guest

der Gast

room

das Zimmer

sleeping bag

der Schlafsack

tent

das Zelt

travel - die Reise

tourist information

die Touristeninformation

beach

der Strand

credit card

die Kreditkarte

breakfast

das Frühstück

lunch

das Mittagessen

dinner

das Abendessen

Ticket

die Fahrkarte

elevator

der Fahrstuhl

stamp

die Briefmarke

border

die Grenze

customs

der Zoll

embassy

die Botschaft

visa

das Visum

passport

der Pass

airplane
das Flugzeug

ship
das Schiff

fire truck
das Feuerwehrauto

bus
der Bus

truck
der Lastwagen

motorboat
das Motorboot

bike
das Fahrrad

car
das Auto

ferry

die Fähre

boat

das Boot

motorbike

das Motorrad

police car

das Polizeiauto

racing car

das Rennauto

rental car

der Mietwagen

car sharing

das Carsharing

tow truck

der Abschleppwagen

garbage truck

das Müllauto

engine

der Motor

fuel

der Kraftstoff

fuel station

dic Tankstelle

traffic sign

das Verkehrsschild

traffic

der Verkehr

traffic jam

der Stau

parking lot

der Parkplatz

train station

der Bahnhof

tracks

die Schienen

train

der Zug

tram

die Straßenbahn

wagon

der Wagon

helicopter

der Helikopter

airport

der Flughafen

tower

der Tower

passenger

der Passagier

container

der Container

carton

der Karton

cart

der Karren

basket

der Korb

take off / land

starten / landen

city

die Stadt

village

das Dorf

city center

das Stadtzentrum

house

das Haus

movie theater
das Kino

advert
die Werbung

street light
die Straßenlaterne

street
die Straße

taxi
das Taxi

snack shop
der Kiosk

pedestrian
der Fußgänger

sidewalk
der Bürgersteig

zebra crossing
der Zebrastreifen

dumpster
die Mülltonne

crossing
die Kreuzung

traffic lights
die Ampel

hut

die Hütte

apartment

die Wohnung

train station

der Bahnhof

city hall

das Rathaus

museum

das Museum

school

die Schule

university

die Universität

bank

die Bank

hospital

das Krankenhaus

hotel

das Hotel

pharmacy

die Apotheke

office

das Büro

book shop

die Buchhandlung

shop

das Geschäft

flower shop

der Blumenladen

supermarket

der Supermarkt

market

der Markt

department store

das Kaufhaus

fishmonger's shop

der Fischhändler

mall

das Einkaufszentrum

harbor

der Hafen

city - die Stadt

park

der Park

bench

die Bank

bridge

die Brücke

stairs

die Treppe

subway

die U-Bahn

tunnel

der Tunnel

bus stop

die Bushaltestelle

bar

die Bar

restaurant

das Restaurant

postbox

der Briefkasten

street sign

das Straßenschild

parking meter

die Parkuhr

zoo

der Zoo

swimming pool

die Badeanstalt

mosque

die Moschee

farm

der Bauernhof

pollution

die Umweltverschmutzung

cemetery

der Friedhof

church

die Kirche

playground

der Spielplatz

temple

der Tempel

landscape
die Landschaft

signpost
der Wegweiser

path
der Weg

meadow
die Wiese

stone
der Stein

tree
der Baum

hiker
der Wanderer

river
der Fluss

grass
das Gras

flower
die Blume

valley

das Tal

hill

der Berg

lake

der See

forest

der Wald

desert

die Wüste

volcano

der Vulkan

castle

das Schloss

rainbow

der Regenbogen

mushroom

der Pilz

palm tree

die Palme

mosquito

der Moskito

fly

die Fliege

ant

die Ameise

bee

die Biene

spider

die Spinne

beetle

der Käfer

frog

der Frosch

squirrel

das Eichhörnchen

hedgehog

der Igel

hare

der Hase

owl

die Eule

bird

die Vogel

swan

der Schwan

boar

das Wildschwein

deer

der Hirsch

moose

der Elch

dam

der Staudamm

wind turbine

das Windrad

solar panel

das Solarmodul

climate

das Klima

waiter
der Kellner

menu
die Speisekarte

chair
der Stuhl

soup
die Suppe

pizza
die Pizza

cutlery
das Besteck

tablecloth
die Tischdecke

starter
die Vorspeise

main course
das Hauptgericht

dessert
die Nachspeise

drinks
die Getränke

food
das Essen

bottle
die Flasche

fast food

das Fastfood

street food

das Streetfood

teapot

die Teekanne

sugar bowl

die Zuckerdose

portion

die Portion

espresso machine

die Espressomaschine

high chair

der Hochstuhl

bill

die Rechnung

tray

das Tablett

knife

das Messer

fork

die Gabel

spoon

der Löffel

teaspoon

der Teelöffel

serviette

die Serviette

glass

das Glas

restaurant - das Restaurant

plate

der Teller

soup plate

der Suppenteller

saucer

die Untertasse

sauce

die Sauce

salt shaker

der Salzstreuer

pepper mill

die Pfeffermühle

vinegar

der Essig

oil

das Öl

spices

die Gewürze

ketchup

das Ketchup

mustard

der Senf

mayonnaise

die Mayonnaise

special offer
das Angebot

customer
der Kunde

dairy products
die Milchprodukte

fruit
das Obst

shopping cart
der Einkaufswagen

butcher's shop
die Schlachterei

bakery
die Bäckerei

weigh
wiegen

vegetables
das Gemüse

meat
das Fleisch

frozen food
die Tiefkühlkost

cold cuts

der Aufschnitt

canned food

die Konserven

detergent

das Waschmittel

candy

die Süßigkeiten

household products

die Haushaltsartikel

cleaning products

das Reinigungsmittel

sales representative

die Verkäuferin

cash register

die Kasse

cashier

der Kassierer

shopping list

die Einkaufsliste

opening hours

die Öffnungszeiten

wallet

die Brieftasche

credit card

die Kreditkarte

bag

die Tasche

plastic bag

die Plastiktüte

supermarket - der Supermarkt

water

das Wasser

juice

der Saft

milk

die Milch

coke

die Cola

wine

der Wein

beer

das Bier

alcohol

der Alkohol

cocoa

der Kakao

tea

der Tee

coffee

der Kaffee

espresso

der Espresso

cappuccino

der Cappuccino

banana

die Banane

apple

der Apfel

orange

die Orange

melon

die Melone

lemon

die Zitrone

carrot

die Karotte

garlic

der Knoblauch

bamboo

der Bambus

onion

die Zwiebel

mushroom

der Pilz

nuts

die Nüsse

noodles

die Nudeln

spaghetti

die Spaghetti

rice

der Reis

salad

der Salat

fries

die Pommes frites

fried potatoes

die Bratkartoffeln

pizza

die Pizza

hamburger

der Hamburger

sandwich

das Sandwich

escalope

das Schnitzel

ham

der Schinken

salami

die Salami

sausage

die Wurst

chicken

das Huhn

roast

der Braten

fish

der Fisch

porridge oats

die Haferflocken

muesli

das Müsli

cornflakes

die Cornflakes

flour

das Mehl

croissant

das Croissant

bread roll

das Brötchen

bread

das Brot

toast

der Toast

cookies

die Kekse

butter

die Butter

curd

der Quark

cake

der Kuchen

egg

das Ei

fried egg

das Spiegelei

cheese

der Käse

ice cream

die Eiscreme

sugar

der Zucker

honey

der Honig

jelly

die Marmelade

nougat cream

die Nougat-Creme

curry

das Curry

goat

die Ziege

cow

die Kuh

calf

das Kalb

pig

das Schwein

piglet

das Ferkel

bull

der Bulle

goose

die Gans

duck

die Ente

chick

das Küken

hen

das Huhn

cockerel

der Hahn

rat

die Ratte

cat

die Katze

mouse

die Maus

ox

der Ochse

dog

der Hund

dog house

die Hundehütte

garden hose

der Gartenschlauch

watering can

die Gießkanne

scythe

die Sense

plow

der Pflug

sickle

die Sichel

hoe

die Hacke

pitchfork

die Mistgabel

axe

die Axt

pushcart

die Schubkarre

trough

der Trog

milk can

die Milchkanne

sack

der Sack

fence

der Zaun

stable

der Stall

greenhouse

das Treibhaus

soil

der Boden

seed

die Saat

fertilizer

der Dünger

combine harvester

der Mähdrescher

harvest

ernten

harvest

die Ernte

yams

die Yamswurzel

wheat

der Weizen

soya

das Soja

potato

die Kartoffel

corn

der Mais

rapeseed

der Raps

fruit tree

der Obstbaum

manioc

der Maniok

grain

das Getreide

living room
das Wohnzimmer

bathroom
das Badezimmer

kitchen
die Küche

bedroom
das Schlafzimmer

kids room
das Kinderzimmer

dining room
das Esszimmer

floor

der Boden

wall

die Wand

ceiling

die Decke

cellar

der Keller

sauna

die Sauna

balcony

der Balkon

terrace

die Terrasse

pool

das Schwimmbad

lawn mower

der Rasenmäher

sheet

der Bettbezug

bedspread

die Bettdecke

bed

das Bett

broom

der Besen

bucket

der Eimer

switch

der Schalter

carpet
....
der Teppich

drape
....
der Vorhang

table
....
der Tisch

chair
....
der Stuhl

rocking chair
....
der Schaukelstuhl

armchair
....
der Sessel

book

das Buch

blanket

die Decke

decoration

die Dekoration

firewood

das Feuerholz

film

der Film

stereo system

die Stereoanlage

key

der Schlüssel

newspaper

die Zeitung

painting

das Gemälde

poster

das Poster

radio

das Radio

notebook

der Notizblock

vacuum cleaner

der Staubsauger

cactus

der Kaktus

candle

die Kerze

fridge
der Kühlschrank

microwave oven
die Mikrowelle

kitchen scales
die Küchenwaage

toaster
der Toaster

laundry detergent
das Reinigungsmittel

stove
der Backofen

freezer
das Gefrierfach

dishwasher
der Geschirrspüler

cooker
der Herd

pot
der Topf

cast-iron pot
der Eisentopf

wok / kadai
der Wok / Kadai

pan
die Pfanne

kettle
der Wasserkocher

steamer

der Dampfgarer

baking tray

das Backblech

crockery

das Geschirr

mug

der Becher

bowl

die Schale

chopsticks

die Essstäbchen

ladle

die Suppenkelle

spatula

der Pfannenwender

whisk

der Schneebesen

strainer

das Kochsieb

sieve

das Sieb

grater

die Reibe

mortar

der Mörser

barbecue

der Grill

fireplace

die Feuerstelle

chopping board

das Schneidebrett

rolling pin

das Nudelholz

corkscrew

der Korkenzieher

can

die Dose

can opener

der Dosenoffner

oven cloth

der Topflappcn

sink

das Waschbecken

brush

die Bürste

sponge

der Schwamm

blender

der Mixer

deep freezer

die Gefriertruhe

baby bottle

die Babyflasche

tap

der Wasserhahn

heating
die Heizung

shower
die Dusche

towel
das Handtuch

shower curtain
der Duschvorhang

bubble bath
das Schaumbad

bathtub
die Badewanne

glass
das Glas

washing machine
die Waschmaschine

tiles
die Fliesen

tap
der Wasserhahn

potty
das Töpfchen

sink
das Waschbecken

toilet	squat toilet	bidet
die Toilette	die Hocktoilette	das Bidet

urinal	toilet paper	toilet brush
das Pissoir	das Toilettenpapier	die Toilettenbürste

toothbrush

die Zahnbürste

toothpaste

die Zahnpasta

dental floss

die Zahnseide

wash

waschen

hand shower

die Handbrause

douche

die Intimdusche

basin

die Waschschüssel

back brush

die Rückenbürste

soap

die Seife

shower gel

das Duschgel

shampoo

das Shampoo

flannel

der Waschlappen

drain

der Abfluss

creme

die Creme

deodorant

das Deodorant

mirror

der Spiegel

hand mirror

der Kosmetikspiegel

razor

der Rasierer

shaving foam

der Rasierschaum

aftershave

das Rasierwasser

comb

der Kamm

brush

die Bürste

hair-dryer

der Föhn

hairspray

das Haarspray

makeup

das Makeup

lipstick

der Lippenstift

nail varnish

der Nagellack

cotton wool

die Watte

nail scissors

die Nagelschere

perfume

das Parfum

washbag

der Kulturbeutel

stool

der Hocker

weighing scales

die Waage

bathrobe

der Bademantel

rubber gloves

die Gummihandschuhe

tampon

das Tampon

sanitary towel

die Damenbinde

chemical toilet

die Chemietoilette

alarm clock
der Wecker

cuddly toy
das Kuscheltier

toy car
das Spielzeugauto

rattle
die Rassel

doll's house
das Puppenhaus

present
das Geschenk

balloon
der Ballon

bed
das Bett

stroller
der Kinderwagen

deck of cards
das Kartenspiel

jigsaw
das Puzzle

comic
der Comic

lego bricks

die Legosteine

toy blocks

die Bausteine

action figure

die Action Figur

romper suit

der Strampelanzug

frisbee

das Frisbee

mobile

das Mobile

board game

das Brettspiel

dice

der Würfel

model train set

die Modelleisenbahn

pacifier

der Schnuller

party

die Party

picture book

das Bilderbuch

ball

der Ball

doll

die Puppe

play

spielen

kids room - das Kinderzimmer

sandpit

der Sandkasten

swing

die Schaukel

toys

das Spielzeug

video game console

die Spielkonsole

tricycle

das Dreirad

teddy bear

der Teddy

wardrobe

der Kleiderschrank

clothing
die Kleidung

socks

die Socken

stockings

die Strümpfe

tights

die Strumpfhose

scarf
der Schal

belt
der Gürtel

umbrella
der Regenschirm

t-shirt
das T-Shirt

boots
der Stiefel

sneakers
die Turnschuhe

slippers
die Hausschuhe

sandals
....
die Sandalen

shoes
....
die Schuhe

rubber boots
....
die Gummistiefel

underwear
....
die Unterhose

bra
....
der Büstenhalter

undershirt
....
das Unterhemd

body

der Body

pants

die Hose

jeans

die Jeans

skirt

der Rock

blouse

die Bluse

shirt

das Hemd

pullover

der Pullover

sweater

der Kapuzenpullover

blazer

der Blazer

jacket

die Jacke

coat

der Mantel

raincoat

der Regenmantel

costume

das Kostüm

dress

das Kleid

wedding dress

das Hochzeitskleid

suit

der Anzug

nightgown

das Nachthemd

pajamas

der Schlafanzug

sari

der Sari

headscarf

das Kopftuch

turban

der Turban

burka

die Burka

kaftan

der Kaftan

abaya

die Abaya

swimsuit

der Badeanzug

trunks

die Badehose

shorts

die kurze Hose

tracksuit

der Trainingsanzug

apron

die Schürze

gloves

die Handschuhe

button

der Knopf

glasses

die Brille

bracelet

das Armband

necklace

die Halskette

ring

der Ring

earring

der Ohrring

cap

die Mütze

coat hanger

der Kleiderbügel

hat

der Hut

tie

die Krawatte

zip

der Reißverschluss

helmet

der Helm

braces

der Hosenträger

school uniform

die Schuluniform

uniform

die Uniform

bib

das Lätzchen

pacifier

der Schnuller

diaper

die Windel

server
der Server

filing cabinet
der Aktenschrank

printer
der Drucker

monitor
der Monitor

paper
das Papier

desk
der Schreibtisch

mouse
die Maus

folder
der Ordner

keyboard
die Tastatur

waste-paper basket
der Papierkorb

chair
der Stuhl

computer
der Computer

coffee mug

der Kaffeebecher

calculator

der Taschenrechner

internet

das Internet

laptop

der Laptop

letter

der Brief

message

die Nachricht

cell phone

das Handy

network

das Netzwerk

photocopier

der Kopierer

software

die Software

telephone

das Telefon

plug socket

die Steckdose

fax machine

das Fax

form

das Formular

document

das Dokument

buy

kaufen

pay

bezahlen

trade

handeln

money

das Geld

dollar

der Dollar

euro

der Euro

yen

der Yen

rouble

der Rubel

Swiss franc

der Franken

renminbi yuan

der Renminbi Yuan

rupee

die Rupie

cash point

der Geldautomat

currency exchange office

die Wechselstube

gold

das Gold

silver

das Silber

oil

das Öl

energy

die Energie

price

der Preis

contract

der Vertrag

tax

die Steuer

stock

die Aktie

work

arbeiten

employee

der Angestellte

employer

der Arbeitgeber

factory

die Fabrik

shop

das Geschäft

economy - die Wirtschaft

police officer
der Polizist

fireman
der Feuerwehrmann

cook
der Koch

doctor
der Arzt

pilot
der Pilot

gardener
der Gärtner

carpenter
der Tischler

seamstress
die Näherin

judge
der Richter

chemist
der Chemiker

actor
der Schauspieler

bus driver

der Busfahrer

taxi driver

der Taxifahrer

fisherman

der Fischer

cleaning lady

die Putzfrau

roofer

der Dachdecker

waiter

der Kellner

hunter

der Jäger

painter

der Maler

baker

der Bäcker

electrician

der Elektriker

builder

der Bauarbeiter

engineer

der Ingenieur

butcher

der Schlachter

plumber

der Klempner

postman

der Postbote

soldier

der Soldat

architect

der Architekt

cashier

der Kassierer

florist

der Florist

hairdresser

der Friseur

conductor

der Schaffner

mechanic

der Mechaniker

captain

der Kapitän

dentist

der Zahnarzt

scientist

der Wissenschaftler

rabbi

der Rabbi

imam

der Imam

monk

der Mönch

pastor

der Geistliche

hammer
der Hammer

pliers
die Zange

screwdriver
der Schraubendreher

wrench
der Schraubenschlüssel

torch
die Taschenlampe

excavator
der Bagger

toolbox
der Werkzeugkasten

ladder
die Leiter

saw
die Säge

nails
die Nägel

drill
der Bohrer

repair
reparieren

shovel
die Schaufel

Damn!
Mist!

dustpan
das Kehrblech

paint can
der Farbtopf

screws
die Schrauben

musical instruments
die Musikinstrumente

loud speaker
der Lautsprecher

drum set
das Schlagzeug

guitar
die Gitarre

double bass
der Kontrabass

trumpet
die Trompete

piano

das Klavier

violin

die Violine

bass

der Bass

timpani

die Pauke

drums

die Trommeln

keyboard

das Keyboard

saxophone

das Saxophon

flute

die Flöte

microphone

das Mikrofon

entrance
der Eingang

tiger
der Tiger

cage
der Käfig

zebra
das Zebra

animal feed
das Tierfutter

panda
der Panda

animals
die Tiere

elephant
der Elefant

kangaroo
das Känguruh

rhino
das Nashorn

gorilla
der Gorilla

bear
der Bär

camel

das Kamel

ostrich

der Strauß

lion

der Löwe

monkey

der Affe

flamingo

der Flamingo

parrot

der Papagei

polar bear

der Eisbär

penguin

der Pinguin

shark

der Hai

peacock

der Pfau

snake

die Schlange

crocodile

das Krokodil

zookeeper

der Zoowärter

seal

die Robbe

jaguar

der Jaguar

pony

das Pony

leopard

der Leopard

hippo

das Nilpferd

giraffe

die Giraffe

eagle

der Adler

boar

das Wildschwein

fish

der Fisch

turtle

die Schildkröte

walrus

das Walross

fox

der Fuchs

gazelle

die Gazelle

American football
das American Football

cycling
das Radfahren

tennis
das Tennis

basketball
der Basketball

swimming
das Schwimmen

boxing
das Boxen

ice hockey
das Eishockey

soccer

der Fußball

badminton

das Badminton

athletics

die Leichtathletik

handball

der Handball

skiing

das Skilaufen

polo

das Polo

jump
springen

hug
umarmen

laugh
lachen

walk
gehen

sing
singen

dream
träumen

pray
beten

kiss
küssen

write

schreiben

draw

zeichnen

show

zeigen

push

drücken

give

geben

take

nehmen

have
haben

do
tun

be
sein

stand
stehen

run
laufen

pull
ziehen

throw
werfen

fall
fallen

lie
liegen

wait
warten

carry
tragen

sit
sitzen

get dressed
anziehen

sleep
schlafen

wake up
aufwachen

look at

ansehen

cry

weinen

stroke

streicheln

comb

kämmen

talk

reden

understand

verstehen

ask

fragen

listen

hören

drink

trinken

eat

essen

tidy up

aufräumen

love

lieben

cook

kochen

drive

fahren

fly

fliegen

sail

segeln

calculate

rechnen

read

lesen

learn

lernen

work

arbeiten

marry

heiraten

sew

nähen

brush teeth

Zähne putzen

kill

töten

smoke

rauchen

send

senden

activities - die Aktivitäten

grandmother
die Großmutter

grandfather
der Großvater

father
der Vater

mother
die Mutter

baby
das Baby

daughter
die Tochter

son
der Sohn

guest

der Gast

aunt

die Tante

uncle

der Onkel

brother

der Bruder

sister

die Schwester

forehead
die Stirn

eye
das Auge

shoulder
die Schulter

finger
der Finger

face
das Gesicht

chin
das Kinn

hand
die Hand

breast
die Brust

leg
das Bein

arm
der Arm

baby

das Baby

man

der Mann

woman

die Frau

girl

das Mädchen

boy

der Junge

head

der Kopf

back

der Rücken

belly

der Bauch

navel

der Nabel

toe

der Zeh

heel

die Ferse

bone

der Knochen

hip

die Hüfte

knee

das Knie

elbow

der Ellenbogen

nose

die Nase

buttocks

das Gesäß

skin

die Haut

cheek

die Wange

ear

das Ohr

lip

die Lippe

mouth

der Mund

tooth

der Zahn

tongue

die Zunge

brain

das Gehirn

heart

das Herz

muscle

der Muskel

lung

die Lunge

liver

die Leber

stomach

der Magen

kidneys

die Nieren

sex

der Geschlechtsverkehr

condom

das Kondom

ovum

die Eizelle

semen

das Sperma

pregnancy

die Schwangerschaft

menstruation

die Menstruation

vagina

die Vagina

penis

der Penis

eyebrow

die Augenbraue

hair

das Haar

neck

der Hals

hospital
das Krankenhaus

ambulance
der Krankenwagen

wheelchair
der Rollstuhl

fracture
der Bruch

doctor

der Arzt

emergency room

die Notaufnahme

nurse

die Krankenschwester

emergency

der Notfall

unconscious

ohnmächtig

pain

der Schmerz

injury

die Verletzung

bleeding

die Blutung

heart attack

der Herzinfarkt

stroke

der Schlaganfall

allergy

die Allergie

cough

der Husten

fever

das Fieber

flu

die Grippe

diarrhea

der Durchfall

headache

die Kopfschmerzen

cancer

der Krebs

diabetes

die Diabetis

surgeon

der Chirurg

scalpel

das Skalpell

operation

die Operation

CT

das CT

x-ray

das Röntgen

ultrasound

das Ultraschall

face mask

die Maske

disease

die Krankheit

waiting room

das Wartezimmer

crutch

die Krücke

plaster

das Pflaster

bandage

der Verband

injection

die Injektion

stethoscope

das Stethoskop

stretcher

die Trage

clinical thermometer

das Thermometer

birth

die Geburt

overweight

das Übergewicht

hearing aid

das Hörgerät

disinfectant

das Desinfektionsmittel

infection

die Infektion

virus

das Virus

HIV / AIDS

das HIV / AIDS

medicine

die Medizin

vaccination

die Impfung

tablets

die Tabletten

pill

die Pille

emergency call

der Notruf

blood pressure monitor

das Blutdruck-Messgerät

ill / healthy

krank / gesund

Help!

Hilfe!

alarm

der Alarm

assault

der Überfall

attack

der Angriff

danger

die Gefahr

emergency exit

der Notausgang

Fire!

Feuer!

fire extinguisher

der Feuerlöscher

accident

der Unfall

first-aid kit

der Erste-Hilfe-Koffer

SOS

SOS

police

die Polizei

Europe

das Europa

North America

das Nordamerika

South America

das Südamerika

Africa

das Afrika

Asia

das Asien

Australia

das Australien

Atlantic

der Atlantik

Pacific

der Pazifik

Indian Ocean

der Indische Ozean

Antarctic Ocean

der Antarktische Ozean

Arctic Ocean

der Arktische Ozean

North pole

der Nordpol

South pole
....
der Südpol

Antarctica
....
die Antarktis

earth
....
die Erde

land
....
das Land

sea
....
das Meer

island
....
die Insel

nation
....
die Nation

state
....
der Staat

clock face

das Zifferblatt

hour hand

der Stundenzeiger

minute hand

der Minutenzeiger

second hand

der Sekundenzeiger

What time is it?

Wie spät ist es?

day

der Tag

time

die Zeit

now

jetzt

digital watch

die Digitaluhr

minute

die Minute

hour

die Stunde

Monday
der Montag

Wednesday
der Mittwoch

Friday
der Freitag

Tuesday
der Dienstag

Saturday
der Samstag

Thursday
der Donnerstag

Sunday
der Sonntag

yesterday

gestern

today

heute

tomorrow

morgen

morning

der Morgen

noon

der Mittag

evening

der Abend

workdays

die Arbeitstage

weekend

das Wochenende

rain
der Regen

spring
der Frühling

summer
der Sommer

wind
der Wind

snow
der Schnee

fall
der Herbst

winter
der Winter

weather forecast
die Wettervorhersage

thermometer
das Thermometer

sunshine
der Sonnenschein

cloud
die Wolke

fog
der Nebel

humidity
die Luftfeuchtigkeit

lightning

der Blitz

thunder

der Donner

storm

der Sturm

hail

der Hagel

monsoon

der Monsun

flood

die Flut

ice

das Eis

January

der Januar

February

der Februar

March

der März

April

der April

May

der Mai

June

der Juni

July

der Juli

August

der August

September
....
der September

October
....
der Oktober

November
....
der November

December
....
der Dezember

shapes

die Formen

circle
....
der Kreis

square
....
das Quadrat

rectangle
....
das Rechteck

triangle
....
das Dreieck

sphere
....
die Kugel

cube
....
der Würfel

colors
die Farben

white
....
weiß

yellow
....
gelb

orange
....
orange

pink
....
pink

red
....
rot

purple
....
lila

blue
....
blau

green
....
grün

brown
....
braun

gray
....
grau

black
....
schwarz

a lot / a little

viel / wenig

angry / calm

wütend / friedlich

beautiful / ugly

hübsch / hässlich

beginning / end

der Anfang / das Ende

big / small

groß / klein

bright / dark

hell / dunkel

brother / sister

der Bruder / die Schwester

clean / dirty

sauber / schmutzig

complete / incomplete

vollständig / unvollständig

day / night

der Tag / die Nacht

dead / alive

tot / lebendig

wide / narrow

breit / schmal

edible / inedible

genießbar / ungenießbar

evil / kind

böse / freundlich

excited / bored

aufgeregt / gelangweilt

fat / thin

dick / dünn

first / last

zuerst / zuletzt

friend / enemy

der Freund / der Feind

full / empty

voll / leer

hard / soft

hart / weich

heavy / light

schwer / leicht

hunger / thirst

der Hunger / der Durst

ill / healthy

krank / gesund

illegal / legal

illegal / legal

intelligent / stupid

intelligent / dumm

left / right

links / rechts

near / far

nah / fern

opposites - die Gegenteile

new / used

neu / gebraucht

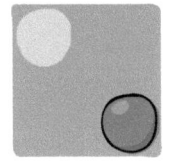

nothing / something

nichts / etwas

old / young

alt / jung

on / off

an / aus

open / closed

offen / geschlossen

quiet / loud

leise / laut

rich / poor

reich / arm

right / wrong

richtig / falsch

rough / smooth

rau / glatt

sad / happy

traurig / glücklich

short / long

kurz / lang

slow / fast

langsam / schnell

wet / dry

nass / trocken

warm / cool

warm / kühl

war / peace

der Krieg / der Frieden

0

zero

null

1

one

eins

2

two

zwei

3

three

drei

4

four

vier

5

five

fünf

6

six

sechs

7

seven

sieben

8

eight

acht

9

nine

neun

10

ten

zehn

11

eleven

elf

12

twelve

zwölf

13

thirteen

dreizehn

14

fourteen

vierzehn

15

fifteen

fünfzehn

16

sixteen

sechzehn

17

seventeen

siebzehn

18

eighteen

achtzehn

19

nineteen

neunzehn

20

twenty

zwanzig

100

hundred

hundert

1.000

thousand

tausend

1.000.000

million

million

languages
die Sprachen

English
....
Englisch

American English
....
Amerikanisches Englisch

Chinese Mandarin
....
Chinesisch Mandarin

Hindi
....
Hindi

Spanish
....
Spanisch

French
....
Französisch

Arabic
....
Arabisch

Russian
....
Russisch

Portuguese
....
Portugiesisch

Bengali
....
Bengalisch

German
....
Deutsch

Japanese
....
Japanisch

I

ich

you

du

he / she / it

er / sie / es

we

wir

you

ihr

they

sie

who?

wer?

what?

was?

how?

wie?

where?

wo?

when?

wann?

name

Name

behind

hinter

in

in

in front of

vor

over

über

on

auf

under

unter

beside

neben

between

zwischen

place

der Ort